너를 닮은 풍경

강북 2025

詩

너를 담은 풍경

강북문인협회

2025ⓒ강북문인협회

다시올

강북문인협회 디카시집 제1호

한 장의 사진은 순간을 붙잡지만
그 속에 깃든 숨결은 언제나 시가 되어 흐릅니다
빛과 그림자가 어우러진 장면 속에서
우리는 삶의 조각들을 발견하고 그 조각 위에
마음의 언어를 얹어 왔습니다

강북문인협회가 엮어낸 디카시집 제1집은
그러한 발걸음의 첫 기록입니다
하루를 건너며 마주한 풍경
스쳐 간 사물에 깃든 사유
사람과 자연이나 눈 대화가
짧은 시구로 피어나
우리의 눈과 가슴을 적십니다

디카시집은 단순히 사진과 시의 결합이 아니라
순간을 영원의 자리로 데려오는 예술입니다
그 짧음 속에 깊음을 담고
그 소박함 속에 무한을 열어 보입니다

이 첫 번째 디카시집이
우리 협회원들에게는 새로운 창작의 길을
독자들에게는 잊었던 감수성의 불씨를
되살려 주는 자리가 되기를 바랍니다

작은 발걸음이지만
강북의 하늘과 땅을 배경으로
펼쳐진 이 시의 울림이
문학의 또 다른 가능성을 열어 주리라 믿습니다

함께 이 길을 내주신 강북구청장님께 고개 숙여 감사드립니다.
디카시집도 강북구청 보조금으로 완성하게 되었습니다.
또 강북문인협회 회원님들께도 감사드리며 빛나는 첫 장을 여는 이 순간을 기쁨으로 나눕니다

2025년
박정희해남 (회장)

디카시집 축사

사진은 눈으로 기록한 풍경이지만
디카시는 그 풍경 속에서
시인의 영혼이 건져 올린 빛입니다

한 장의 사진과 한 줄의 시가 만나
삶의 결을 어루만지고
익숙한 일상의 틈새에서
새로운 의미와 철학을 꽃피웁니다

이번에 발간된 디카시집은
우리 문학의 지평을 넓히는
소중한 결실이며
사람과 자연, 시간과 사물이
서로에게 말을 거는 따뜻한 소통입니다

작가들의 눈빛이 모여 이루어진 이 책이
독자들에게는 작은 위로이자 큰 울림이 되고
문학의 길을 걷는 우리 모두에게
새로운 영감을 선물해 주기를 기대합니다

디카시집 발간을 진심으로 축하하며
함께해 주신 모든 분께
깊은 감사의 마음을 전합니다

김호운 (한국문인협회이사장)

한국문인협회 서울강북지부
디카시집 제1호 발간

　한국문인협회 서울 강북지부의 첫 디카시집 발간을 축하드립니다. 이번 디카시집 발간을 위해 애써 주신 박정희 회장님과 한국문인협회 서울 강북지부 회원 여러분의 수고에 감사드립니다.

　한 장의 사진에 단 5행의 짧은 시로 이루어진 '디카시'는 최근 주목받고 있는 현대 문학의 장르입니다. '디카시'가 지닌 일상성과 편안함은 어렵게만 느껴지던 '문학'이라는 단어를 보다 쉽고 가깝게 느끼도록 해줍니다. 가까운 일상에서 만나게 되는 예술적 감동은 '디카시'가 지닌 큰 장점입니다.

　그저 평범한 일상일지라도 그 속에는 다양한 소재가 숨겨져 있습니다. 우리가 놓치고 있던 일상 속의 특별한 순간과 소소한 재미를 찾아내는 것도 '디카시집'의 묘미일 것입니다. 모쪼록 이번 '디카시집 제1호'를 통해 보다 많은 분들이 예술적 감흥에 젖을 수 있기를 기대합니다.

　다시 한번 한국문인협회 서울 강북지부의 첫 디카시집 발간을 축하드립니다. 개청 30주년을

맞이하여 강북구는 구민 여러분의 삶에 힘이 되는, 더 나은 30년으로 나아갈 수 있도록 더욱 힘쓰며, 문화도시 강북구 조성에도 더욱 노력하겠습니다.

감사합니다.

이순희 (강북구청장)

강북문인협협 디카시집 제1집 출간

　박정희 해남 회장님을 비롯한 강북문인협회 회원 여러분, 반갑습니다. 강북구의회 의장 김명희입니다.

　먼저, 강북문인협회 디카시집 제1집 출간을 진심으로 축하드립니다.

　카메라로 담아낸 일상의 소소한 순간들에 시적인 감성을 더한 디카시는, 우리 주변의 아름다움을 새롭게 발견하는 특별한 의미가 있다고 생각합니다.

　특히 이번 시집이 더 뜻깊은 이유는, 평소에 쉽게 지나치기 쉬운 소중한 풍경과 감정을 문학이라는 틀 안에서 생생하게 표현해냈다는 점입니다.

　오늘 회원 한 분 한 분의 정성과 열정이 모여 이렇게 멋진 시집으로 탄생한 것을 진심으로 기

쁘게 생각하며, 사진과 시가 만나 만들어내는 감동이 많은 독자분의 마음에도 깊이 와 닿을 거라 믿습니다.

　강북문인협회는 박정희 해남 회장님을 중심으로 강북구 문화예술 발전에 큰 힘이 되어 왔습니다. 이번 출간을 계기로 앞으로도 더욱 활발한 창작 활동을 통해 우리 지역에 풍성한 문학의 향기를 불어넣어 주시길 기대합니다.

　다시 한번, 디카시집 출간을 축하드리며, 강북문인협회의 끝없는 발전과 회원 여러분 모두의 건강과 행복을 기원합니다.

　감사합니다.

김명희 (강북구의회 의장)

1부

삶이란

2부

하늘을 배우는 시간

3부

오늘을 지킨다

4부

꽃등 켠 골목

5부

하늘을 건너는 연서

6부

작은 어른

1부

삶이란

삶이란

삶이란 바람 스치듯 지나가도
향기 남기고
눈물 속웃음처럼
슬픔 안고도 피는
한 송이 꽃이다

권경희

푸른 철학

늘 뿌리 내릴 땅을 잃고도
어디선가 열매를 맺는다
넘어진 자리마다
다시 오르는 생의 고집
그늘조차 햇살로 바꾸는 푸른 꿈

　　김경희

알프스의 베일

하늘 창 너머 눈 덮인 산
면사포 날리는 신부인가
속죄의 기도 중인 수녀인가
상복 입고 누운 망자인가
선몽(仙夢)에 젖은 나였다

    권상호

낮은 자리

진흙 속에서
먼 길 돌아온 향기
아직 세상에 들키지 않은
첫 마음을
꽃잎 안에 감춘다

　　권중용

바람의 비밀

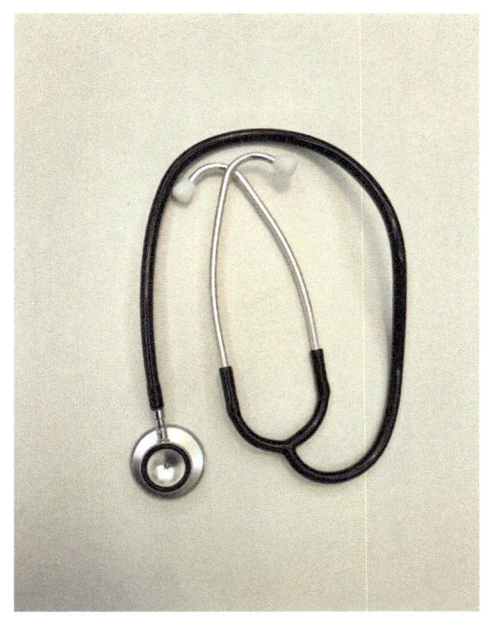

심장을 듣는 것은
우주가 뛰는 소리를 기록하는 일
몸속 깊이 숨어 있는
고요의 진실을 찾아 나서는
의사의 시(詩)

김보현

곡선

하늘이 불을 켤 때
길은 끝내 휘어져 묻는다
돌아가는 중이냐고
떠나본 적은 있느냐고
마음이 돌아본다

김봉곤

연가

좁은 흙 한 줌에서
햇살은 빛을 틔우고
기다림은 노란 입술을 열었다
누군가의 정성은
이 작은 꽃에서 말을 배운다

김봉균

행운이 피었다

꽃이 피었다
네가 찾아와
행운을 피었으니
내 마음도 꽃피었다

김 재 옥

용골 촛대 바위

거북, 사자바위의 호위 속에
동해 수문장, 근엄한 위용
거센 폭풍우 홀로 견디며
조국을 지키는 든든한 방패
보랏빛 해국 방긋 웃는다

김영섭

기다림

수국이 있는 숲길
그리움 달고 싶어
여기서 기다리고 있습니다

김임생

2부

하늘을 배우는 시간

하늘을 배우는 시간

돌이 된 뒤에도
나는 고개를 든다
구름의 속도를 배우고
바람의 냄새를 익히며
하늘에 먼저 닿는 꿈을 꾼다

김정일

속삭임

햇살도 노랗게 물드는 밤
사랑의 기억을 담고
가을이 바스락인다
그대는 함께 걷자며
노란 잎 되어 내려앉는다

김주은

붙잡지 못한 시간

두 마음이
물 위에서 마주 선다
바람조차
그 틈을 지나지 못한다

김택기

산이 마을을 품다

하늘은 저녁 빛으로
산의 어깨를 감싸 안고
십자가 하나
마을의 기도를 대신 올린다

김형순

운동

걸으면 살고
누우면 죽는다
너는 나의 생명

김호진

그 시절

허름한 골목마다
웃음이 기찻길을 메우던 시절
가난은 발뒤꿈치에 묶어두고
놀이가 세상 전부였던
그날의 햇살은 아직도 뛰논다

　　다보람

고백

소리 없이 피어
세상의 말들을 물리친다
가장 붉은 날은
말이 필요 없는 날이었다

도현경

밤에만 피는 너

시내버스 기사 이마에
어두운 밤, 불을 밝혀주는
어여쁜 새아씨
오늘도 기사는
너를 태우러 달려간다

박경민

구름 벤치

하늘이 깊어질수록
바람이 먼저 웃고
꽃들이 뒤늦게 고개를 든다
잠시 쉬어간 자리에
구름 한 조각 앉아 있었다

류연경

공간

산 개울 이끼 밑
시원한 물소리
맨발의 멋
산 피서
가슴속으로

　박인수

슬픈 사랑

임이 왔다
소리 없이 떠났는가
진주로 사연 남겨놓고
슬픈 사랑이 내렸는가
꽃잎마다 눈물이 맺혀있다

박일소

3부

오늘을 지킨다

오늘을 지킨다

빈자리 지키던 바람
자연이 지키던
푸른 시간 속으로
삶의 무게를 보여준다

박정희해남

피지 못한 말들

속내를 말하듯
색이 다르게 피어난다
파랗게 그리워지고
붉게 설레다 보면
언젠가 내 마음도 피겠지

박해숙

Galaxy A25 5G

환희

그해 오월
창공 그득하니
무수(無數)의 함성
희망이여
황성하여라

박종무

미로찾기

재미있고 멋진 애(愛) 어디 있을까
나이테만 늘어 심신은 너덜너덜해져
오늘도 홀로 누웠는데
가슴속 주머니를 꺼내 보니
아! 글쎄 거기 들어있는 게 아닌가

　　　박준서

물들다

너에게 닿기 전
나는 아무 색도 없었다
비 한줄기 바람 한 자락에도
내 마음이 먼저 물들고
그제야 꽃이 피었다

방서남

골목의 불꽃

피어도 몰라주는 자리
호랑나비 혼자 별무늬를 달고
여름의 바람마저 조용해진다
슬픔도 아름다울 수 있다

서진송

하늘의 문장

구름이 흘려 쓴 시
지워지듯 번져가는 하루의 기록
빛과 어둠이 교차하는 경계에서
나는 묻는다
삶도 구름에 잠시 적힌 시어냐고

서금아

한 줄기 빛 위에서

어둠 끝에서
한 잎의 날개가 떨린다
세상은 멀고 세상은 가깝다
빛은 나를 부르고
나는 그 부름 위에 선다

　　서　향

침묵의 언어

말 한 줄 없이
순결을 지키는 마음
피어나는 순간보다
스러지는 품위가
더 눈부셨다

신복록

떠나지 못한 사랑

물가에 매인 작은 사랑
꽃이 먼저 타버렸다
흐르지 못한 마음이
오늘도 낯을 풀지 못한다
기다림은 늘 물보다 깊다

심재영

사랑

날개는
이 애비 하나면 충분해
옛날얘기, 객기가 아니야
사내란 처자식이 배부를 때
우주가 되는 거야

안명지

4부

꽃등 켠 골목

꽃등 켠 골목

담장 넘어
하늘 불 밝히는 꽃등 하나
세월도 이 불빛 앞에선
잠시 걸음을 멈춘다

안미숙

아리랑

이국의 골목에도
고향의 지붕이 피었다
낯선 바람에도 끄떡없는 간판 하나
그리움은
언제나 문을 열고 기다린다

안종만

기다림의 끝

가장 조용한 길에
뜨거운 말이 떨어진다
아직 하지 못한 인사 하나
붉은 마음이 지나간다

안병애

작은 입술

이슬 머금고 수줍게 피어난다
강렬한 햇살에
환하게 웃음 짓고
저녁이면 사르르
눈을 감는다

여운만

빗방울의 눈물

솔잎 끝마다 매달린
투명한 숨결
흘러내리지 못한 눈물
잠시 머물며
세상을 맑게 비춘다

오남희

작은 손 편지

물비늘 아래
작은 생들이 눌러쓴 하루
끝내 떠난 자리에
바위는 그저 등을 내주며
시간의 안부를 전한다

여현옥

그리움을 절이다

하늘 한 조각 색으로 채워졌다
말 한 줌 묵혀두고
하나쯤은 비워도 좋을 듯
시어가 담긴 하루
조용히 하루를 절인다

우정옥

꿈

철로에 귀를 대듯
내 꿈에 귀를 대면
네가 오는 소리 들렸다
호기심 많던
어린 시절 내가

　　윤보영

시작

물가에 선 아이
물결이 부르면
자기 이름인 줄 알고 달려간다
발끝에서
파도는 다시 처음이 된다

윤영선

꽃들의 대화

저물어 가는 길 위에 핀
분꽃은 오히려 눈부시다
어둠이 내려올 자리를
환희 지켜낸다

이다경

산수화 사생

푸른 산이
붓 끝에 걸려
종이 위로 내려앉는다
자연의 태반에서
나, 조용히 꼼지락거린다

권상호

5부

하늘을 건너는 연서

하늘을 건너는 연서

구름 속으로
오래 품었던 말 한마디
하늘에다
마음 모양으로 올려놓는다

이부영

물의 언어

길 떠난 엄마
처마 밑에 앉아
기다리다 흘린 눈물
하얀 자작나무로 서 있다

이애숙

엄마와 딸

엄마가 젊고 풍성했을 때 나는
엄마 뒤를 졸졸 따라다녔지, 이제
내 뒤를 졸졸 따라다니는
작아진 엄마를…
업어주고 싶다

이영선

말없이 건네는 하루

바다는 아무 말도 하지 않고
한쪽 어깨를 내어준다
하늘은 문장 없이 푸르다
이런 날엔
그늘도 바다를 닮는다

이아영

안에서 우는 돌

세상의 무게를 다 끌어안고
끝내 부르지 않은 이름 하나
돌은 울음을 안으로 삼킨다
비바람이 버린 시간 속
침묵만이 단단해졌다

이옥순

매미의 울음

윤유월 보름달
매미 날개 접듯
노인의 외로운 몸짓
10평 아파트 들어서
노곤한 몸 푼다

이정임

첫 휴가

얼마나 기다리며 설레었던가
보고 싶고 만나고 싶은 얼굴들
일일여삼추
레이야! 너도 그랬니?

이종구

그늘 아래서

부러지지 않기 위해
스스로를 낮춘 꿈 하나
하늘을 향한 꿈도
가끔은 땅을 닮아야
오래 버틴다

이창일

쓰르라미

뭉게구름 파란 하늘
웅장한 푸른 숲 등에 업고
고목이 된 나무 남몰래 끌어안고
그리움에 목청 잠기도록
구슬퍼 또 울어 댄다, 늘 그렇게

이 한

동창 모임

얼씨구 절씨구
하얗게 지새운 밤
집으로 가는 길 잊고
횡설수설한다

이한열

전통시장

이 자리 끝에서
세상이란 긴장을
가만히 덮고 있다
여기요 짠내나는
떠난이의 발소리도 판다

임서정

6부

작은 어른

작은 어른

아직 시간표도 모르는 아이가
신문을 펼쳐
세상을 읽는 척한다
그늘 하나 눌러쓴 하루
어른보다 더 어른 같은 여름

임서정

계단

말하지 못한 마음이
하늘빛으로 번졌다
돌계단마다 누군가의
그리움이 피어 있더라

임율려

젖은 바람에도 잠드는 법

어미는 물가를 등지고
바람의 방향을 읽는다
말 대신 등을 내어주고
깃 속에 저녁을 감춘다

　정다운

멈춘 시간

항아리에 담긴 건
꽃이 아니라
그리움의 빛깔이었다
커피 마시다 네 생각 핀다
여름 숲의 어느 오후

정영숙

어둠의 빛

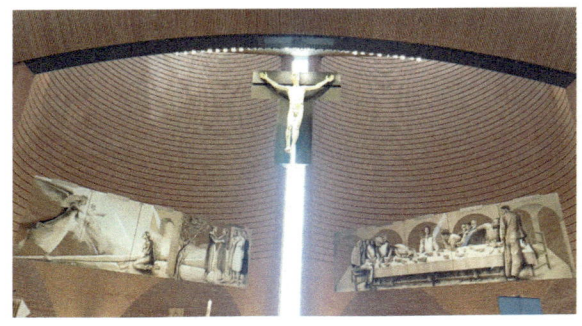

고통의 두 팔 벌려
온 세상을 안으신다
어둠을 가르며 내려오는 빛
그 빛 앞에
나는 죄 아닌 용서로 서 있다

조규희

존재 이유

저마다의 울음으로
아침을 깨우는
서로의 그림자에 기대어
하루를 살아낸다
바람도 무릎 꿇은 오후

조옥자

길

수국이 속삭인다
이 길 끝에 마음 씻기는
풍경이 있다고
물든 꽃잎 따라가면
내 마음도 피어난다고

조이인형

어서 오셔요

꽃이 나와 반기는 집
자꾸만 가고 싶은 집
주인의 향기가
먼저
달려 나오는 집

최미숙

비움

비움은 내 생각 접고
상대의 언어와 몸짓에
맞춰 걷는 발길로
상대와 우리를 살리는 열림이다

홍성남

행복

보기 좋은 집을 두고
낡은 집을 택한 여유
행복한 삶은
보여주는 것이 아니라
느끼는 것이란 걸 새에게 배웠다

　　윤보영

푸른 뱀

땅속의 시간은
서두르지 않는다
길게 뻗은 이 푸른 몸에
여름의 인내와
햇살의 숨결이 눕는다

박정희 해남

강북문인협회 디카시집

너를 닮은 풍경

엮은이 | 박정희해남
발행인 | 김영은
디자인 | 박지혜

최판인쇄 2025년 11월 10일
초판발행 2025년 11월 25일

발행처 | 다시올
출판등록 | 제310-2007-00028
주 소 | 경기도 양주시 장흥면 유원지로 33
전 화 | 010-8784-5941
팩 스 | 031-836-5941
메 일 | maxim3515@naver.com

값 15,000원
ISBN 979-11-91702-25-5 03810